CARDINAL NEWMAN SCHOOL

Me
el mago

enCLAVE|ELE

Directora editorial: Raquel Varela.
Producción: puertoNORTE-SUR S.L.

Ilustración: Luciana Fernández.
Diseño y maquetación: Grupo Adrizar; Judith Moreno.
Adaptación y edición: Clara Andrade.

© *en* CLAVE ELE I SEJER 2004.
ISBN: 209-034101-7

Capítulo 1
Merlín y Arturo

Merlín trabaja de mago. Tiene una barba blanca como la nieve. Se viste con una túnica de noche y estrellas.

Su sombrero, parece un *cucurucho de helado.

Merlín el mago

Merlín vive en medio de un hermoso bosque.

Allí viven también hadas traviesas, duendes mágicos y animales maravillosos, como unicornios y centauros.

Capítulo **1**

cinco

Merlín el mago

1 Actividades

1) Responde:

a) ¿De qué trabaja Merlín?

....

b) ¿De qué color es la túnica de Merlín?

....

c) ¿Quién más vive en el bosque?

....

2) Dibuja a Dogón, el duende amigo de Merlín en tu cuaderno. Lee la descripción.

"Es muy pequeño; tiene barba verde y larga, muy larga. Tiene tres orejas, sus pantalones son verdes, pero como es otoño tienen dibujos de hojas amarillas. Su chaqueta es amarilla con hojas verdes. Tiene unos zapatos rojos y tres hermosos y enormes ojos azules".

seis

Capítulo 1

Arturo tiene tu edad, más o menos 8 años. Tiene el pelo naranja como una zanahoria. En casa, Arturo cuida los animales, y ayuda a su hermano mayor, Bruno, que es un caballero.

Merlín el mago

Mientras limpia los caballos, Arturo les cuenta sus sueños. El quiere ser un caballero valiente, con un caballo negro y una *armadura de plata.

En sus sueños, Arturo gana torneos y tiene muchas aventuras.

ocho

Capítulo 1

nueve 9

Merlín el mago

2 Actividades

1) ¿Quién es Arturo?

A   B   C

2) Responde.

a) ¿Con qué sueña Arturo?

....

b) ¿Con qué sueñas tú?

....

Capítulo 2
La educación

Un día Merlín va a buscar a Arturo y le dice:

– Arturo, ven, es hora de ir al colegio.

– ¿Al *colegio? ¡No! Tengo mucho que hacer aquí, yo no voy al colegio.

– ¿No?, pues, tienes que aprender muchas cosas.

Merlín el mago

— ¡Yo sé muchas cosas!

— A ver, ¿qué sabes hacer?

— Bueno… yo sé *cepillar los caballos, llevar la *espada y el *escudo de mi hermano, Bruno.

— ¡Ay, Ay, Ay!… ¡Arturo, esto no puede ser! Nos vamos a la escuela a aprender cosas de verdad, no tonterías*. Debes aprender a leer, escribir y muchas más cosas.

Capítulo **2**

trece

Merlín el mago

3 Actividades

1) Relaciona cada dibujo con el verbo que le corresponda.

○ Leer ○ Escribir ○ Limpiar

A **B** **C**

2) Responde.

a) Merlín piensa que Arturo debe aprender a:

....

b) ¿Qué sabe hacer Arturo?

....

c) ¿Por qué piensa Merlin que Arturo debe aprender otras cosas?

....

Capítulo 2

Pero la escuela de Merlín no se parece a ninguna.

Merlín transforma a Arturo y así Arturo aprende de los animales y las plantas.

Merlín el mago

Para conocer su país, Merlín transforma a Arturo en pájaro.

Para aprender a nadar, Merlín transforma a Arturo en pez.

Con los animales y las plantas Arturo también aprende sobre el miedo, la amistad y el *valor.

Capítulo **2**

diecisiete

Capítulo 3
La espada

Hoy Arturo no va al colegio, debe ayudar a su hermano. Llevar su espada y su escudo.

Hay un gran *torneo en el pueblo.

¡Pero ocurre algo terrible!

–¡No tengo la espada!– dice Arturo –¡Está en el castillo y no llego a tiempo para buscarla! ¡Bruno me mata…!

Arturo corre, pero en la plaza del pueblo, encuentra una espada sobre una piedra. La saca y corre a dársela a su hermano.

Capítulo 3

– ¿Pero qué espada es esta? – pregunta Bruno.

– Es la espada de la roca que está en la plaza del pueblo– dice Arturo un poco nervioso.

– ¡Artuno tiene la espada mágica!– grita Bruno.

– No puede ser – dicen todos.

Merlín que está cerca los invita a todos a probar.

Van a la plaza y ponen la espada en su lugar.

Merlín el mago

Sobre la piedra se lee:

"El que libere esta espada es el rey de Inglaterra".

Cada caballero* intenta sacar la espada.

Ninguno logra liberarla.

Ahora inténtalo tú, le dice Merlín a Arturo.

Arturo se acerca con miedo y...

veinte

Capítulo **3**

El que libere esta espada será el Rey de Inglaterra

veintiuno
21

Merlín el mago

Como por arte de magia la espada sale suavemente de la roca.

¡Viva Arturo!, ¡Viva el rey!

Desde luego, es una buena idea aprender algunas cosas, e ir a la escuela. Uno nunca sabe, ¿verdad?

Capítulo 3

4 Actividades

1) Sopa de letras.

Descubre cuatro verbos y relaciónalos con las frases de la lista.

- en el mar.
- en la escuela.
- una carta.
- la espada de la piedra.
- en el cielo azul.

e	s	c	r	i	b	i	r	l
i	v	o	l	a	r	a	r	k
r	a	m	i	g	o	j	h	o
a	b	u	b	l	a	o	t	p
n	s	i	e	t	e	r	n	t
f	a	p	r	e	n	d	e	r
r	a	n	a	d	a	r	h	s
a	b	u	r	l	a	o	t	u

2) Lee la última frase del cuento.

"Desde luego, es una buena idea aprender algunas cosas e ir a la escuela. Uno nunca sabe, ¿verdad?"

- ¿Qué opinas?
- ¿Qué quiere decir?

veintitrés

Merlín el mago

Léxico

Capítulo I: Cucurucho de helado:
Armadura:

Capítulo II: Espada:
Escudo:
Tonterías: cosas tontas, sin importancia.
Valor: ser valiente.
Cepillar: limpiar con un cepillo.
Colegio: escuela, lugar donde van los niños a estudiar.

Capítulo III: Torneo: competencia.
Intentar: probar; tratar.

Soluciones

A 1 • SOLUCIÓN :
1) a: es mago; b: azul; c: animales maravillosos, hadas y duendes.

A 2 • SOLUCIÓN :
1) C.
2) Con ser caballero.
3) Respuesta libre.

A 3 • SOLUCIÓN :
1) a: 1; b: 3; c: 2.
2) a) Merlín piensa que Arturo debe aprender a: leer, escribir y muchas cosas más.
b) Arturo sabe limpiar y llevar la espada de su hermano.
c) Respuesta libre.

A 4 • SOLUCIÓN :
1) a) en el mar: NADAR.
b) en la escuela: APRENDER.
c) una carta: ESCRIBIR.
d) la espada de la piedra: LIBERAR.
e) en el cielo azul: VOLAR.
2) Respuesta libre.

N° de editor : 10116142 - mai 2005 - n° 51177a
Impreso en Francia por : Imprimerie France Quercy, Cahors
Printed in France by : Imprimerie France Quercy, Cahors